Made in the USA
Middletown, DE
01 September 2023

שרשים	2
פרק י"ח	36
פרק י"ט	64
פרק כ'	87
Mitzvah Sheets	103
Questions	120
Notes	134

א.ה.ב. - ________________________________

________ -________________________ - ____________

________ -________________________ - ____________

א.כ.ל. - ________________________________

________ -________________________ - ____________

א.מ.נ. - ________________________________

________ -________________________ - ____________

א.מ.ר. - ____________________

____ - ____________ - ____

____ - ____________ - ____

____ - ____________ - ____

____ - ____________ - ____

____ - ____________ - ____

____ - ____________ - ____

א.ר.כ. - ____________________

____ - ____________ - ____

ב.ו.א. - ______________________________

______ - ______________ - ______

______ - ______________ - ______

______ - ______________ - ______

______ - ______________ - ______

______ - ______________ - ______

______ - ______________ - ______

______ - ______________ - ______

______ - ______________ - ______

______ - ______________ - ______

______ - ______________ - ______

______ - ______________ - ______

ב.ח.ר. - ______________________________

______ - ______________ - ______

ב.נ.ה. - ______________________________

______ - ______________ - ______

ב.ר.כ. - ______________________________

______ - ______________ - ______

______ - ______________ - ______

______ - ______________ - ______

ג.ב.ל. - ______________________________

______ -______________ -______

______ -______________ -______

ג.ל.ה. - ______________________________

______ -______________ -______

ג.נ.ב. - ______________________________

______ -______________ -______

ד.ב.ר. - ______

______ - ______ - ______

______ - ______ - ______

______ - ______ - ______

______ - ______ - ______

______ - ______ - ______

______ - ______ - ______

______ - ______ - ______

ד.ר.ש. - ______

______ - ______ - ______

ה.י.ה. - ______________________________

______ - ______________________ - ______

______ - ______________________ - ______

______ - ______________________ - ______

______ - ______________________ - ______

______ - ______________________ - ______

______ - ______________________ - ______

______ - ______________________ - ______

______ - ______________________ - ______

______ - ______________________ - ______

______ - ______________________ - ______

______ - ______________________ - ______

______ - ______________________ - ______

ה.ל.כ. - ____________________

____________ -____________________ - ____________

ה.ר.ס. - ____________________

____________ -____________________ - ____________

ז.ב.ח. - ____________________

____________ -____________________ - ____________

ז.ה.ר. - ____________________

____________ -____________________ - ____________

ז.ו.ד. - ______________________________

______________ - ______________________ - ______________

ז.כ.ר. - ______________________________

______________ - ______________________ - ______________

______________ - ______________________ - ______________

ח.ד.ה. - ______________________________

______________ - ______________________ - ______________

ח.ז.ה. - ______________________________

______________ - ______________________ - ______________

ח.ז.ק. - ________________________________

________ -____________________ - ________

ח.ט.א. - ________________________________

________ -____________________ - ________

ח.י.ה. - ________________________________

________ -____________________ - ________

ח.ל.ל. - ________________________________

________ -____________________ - ________

ח.מ.ד. - ______________________

______ -______________ - ______

ח.נ.ה. - ______________________

______ -______________ - ______

______ -______________ - ______

______ -______________ - ______

ח.ר.ד. - ______________________

______ -______________ - ______

י.ד.ע. - ______________________________

______ - ______________ - ______

______ - ______________ - ______

______ - ______________ - ______

י.כ.ל. - ______________________________

______ - ______________ - ______

______ - ______________ - ______

______ - ______________ - ______

י.ל.כ. - ____

____________ -____________________________ - ____________

____________ -____________________________ - ____________

____________ -____________________________ - ____________

י.ע.צ. - ____

____________ -____________________________ - ____________

י.צ.א. - ____________________

____ - ____________ - ____

____ - ____________ - ____

____ - ____________ - ____

____ - ____________ - ____

____ - ____________ - ____

י.צ.ב. - ____________________

____ - ____________ - ____

____ - ____________ - ____

י.ר.א. - ______________________________

______ - ______________ - ______

______ - ______________ - ______

י.ר.ד. - ______________________________

______ - ______________ - ______

______ - ______________ - ______

______ - ______________ - ______

______ - ______________ - ______

י.ר.ה. - ______________________________

______ - ______________ - ______

______ - ______________ - ______

י.שׁ.ב. - ______________________

______ - ____________ - ______

______ - ____________ - ______

כ.ב.ד. - ______________________

______ - ____________ - ______

כ.ב.ס. - ______________________

______ - ____________ - ______

______ - ____________ - ______

כ.ו.נ. - ______________________________

______ - ______________ - ______

______ - ______________ - ______

ל.ק.ח. - ______________________________

______ - ______________ - ______

מ.ו.ת. - ______________________________

______ - ______________ - ______

______ - ______________ - ______

______ - ______________ - ______

מ.צ.א. - ______________________________

______________ -______________________ - ______________

מ.שׁ.כ. - ______________________________

______________ -______________________ - ______________

נ.א.פ. - ______________________________

______________ -______________________ - ______________

נ.ב.ל. - ______________________________

______________ -______________________ - ______________

______________ -______________________ - ______________

נ.ג.ד. - ______________________________

______ - ______________ - ______
______ - ______________ - ______

נ.ג.ע. - ______________________________

______ - ______________ - ______
______ - ______________ - ______
______ - ______________ - ______

נ.ג.שׁ. - ______________________________

______ - ______________ - ______
______ - ______________ - ______
______ - ______________ - ______

נ.ו.ח. - ______________________________

______________ - ______________ - ______________

נ.ו.ע. - ______________________________

______________ - ______________ - ______________

נ.ו.פ. - ______________________________

______________ - ______________ - ______________

נ.ס.ס. - ______________________________

______________ - ______________ - ______________

נ.ס.ע. - ______________________

______ -______________ - ______

נ.פ.ל. - ______________________

______ -______________ - ______

נ.צ.ל. - ______________________

______ -______________ - ______

______ -______________ - ______

______ -______________ - ______

______ -______________ - ______

נ.ק.ה. - ______________________________

______________ -______________________ - ______________

נ.שׂ.א. - ______________________________

______________ -______________________ - ______________

______________ -______________________ - ______________

______________ -______________________ - ______________

______________ -______________________ - ______________

נ.ש.ק. - ______________________________

______________ -______________________ - ______________

נ.ת.נ. - ______________________________

______ - ______________ - ______

______ - ______________ - ______

ס.פ.ר. - ______________________________

______ - ______________ - ______

ס.ק.ל. - ______________________________

______ - ______________ - ______

______ - ______________ - ______

ע.ב.ד. - ______________________________

______ - ______________ - ______

______ - ______________ - ______

ע.ו.ד. - ______________________________

______ - ______________ - ______

______ - ______________ - ______

ע.ל.ה. - ____________________

____________ - ____________ - ____________

____________ - ____________ - ____________

____________ - ____________ - ____________

____________ - ____________ - ____________

____________ - ____________ - ____________

____________ - ____________ - ____________

____________ - ____________ - ____________

ע.מ.ד. - ____________________

____________ - ____________ - ____________

____________ - ____________ - ____________

____________ - ____________ - ____________

ע.נ.ה. - ______

______ - ______ - ______

______ - ______ - ______

______ - ______ - ______

ע.שׂ.ה. - ______

______ - ______ - ______

______ - ______ - ______

______ - ______ - ______

______ - ______ - ______

______ - ______ - ______

______ - ______ - ______

______ - ______ - ______

______ - ______ - ______

______ - ______ - ______

______ - ______ - ______

______ - ______ - ______

______ - ______ - ______

______ - ______ - ______

ע.שׂ.ג. - ______

______ - ______ - ______

______ - ______ - ______

פ.ק.ד. - ______

______ - ______ - ______

פ.ר.צ. - ______________________________

______ - ______________ - ______

______ - ______________ - ______

צ.ו.ה. - ______________________________

______ - ______________ - ______

______ - ______________ - ______

ק.ד.ש. - ________________________________

________ -________________ - ________

________ -________________ - ________

________ -________________ - ________

________ -________________ - ________

________ -________________ - ________

________ -________________ - ________

ק.ל.ל. - ________________________________

________ -________________ - ________

ק.ר.א. - ________________________________

________ -________________ - ________

ר.א.ה. - ________________________________

________ -________________________ - ________

________ -________________________ - ________

________ -________________________ - ________

________ -________________________ - ________

ר.צ.ח. - ________________________________

________ -________________________ - ________

ש.א.ל. - ________________________________

________ -________________________ - ________

שׁ.ו.ב. - ______________________________

______________ - ______________________________ - ______________

שׂ.ו.מ. - ______________________________

______________ - ______________________________ - ______________

______________ - ______________________________ - ______________

שׁ.ח.ה. - ______________________________

______________ - ______________________________ - ______________

______________ - ______________________________ - ______________

ש.ל.ח. - ______________________________

______ - ______________ - ______

______ - ______________ - ______

ש.מ.ע. - ______________________________

______ - ______________ - ______

______ - ______________ - ______

______ - ______________ - ______

______ - ______________ - ______

______ - ______________ - ______

______ - ______________ - ______

ש.מ.ר. - ____

__________ -______________________ - __________

__________ -______________________ - __________

__________ -______________________ - __________

שׂ.נ.א. - ____

__________ -______________________ - __________

__________ -______________________ - __________

ש.פ.ט. - ____________________

____ - ____________ - ____

____ - ____________ - ____

____ - ____________ - ____

____ - ____________ - ____

____ - ____________ - ____

פרשת תרומה - פרק י"ח

Topic #1: (י"ח א' – י"ב) ______________________________

____

____

א) וַיִּשְׁמַ֞ע –

____

יִתְר֨וֹ כֹהֵ֤ן מִדְיָן֙ –

____

חֹתֵ֣ן מֹשֶׁ֔ה –

____

אֵת֩ כָּל־אֲשֶׁ֨ר עָשָׂ֤ה אֱלֹקִים֙ –

____

לְמֹשֶׁ֔ה –

____

וּלְיִשְׂרָאֵ֖ל –

____

עַמּ֑וֹ –

____

כִּֽי־הוֹצִ֧יא ה֛' –

____

אֶת־יִשְׂרָאֵ֖ל –

____

מִמִּצְרָֽיִם׃ –

____

(א) וַיִּשְׁמַע יִתְרוֹ.
מַה שְּׁמוּעָה שָׁמַע וּבָא, –
קְרִיעַת יַם סוּף –
וּמִלְחֶמֶת עֲמָלֵק: –

וישמע יתרו - ______________________

____

____

יִתְרוֹ.
שֶׁבַע שֵׁמוֹת נִקְרְאוּ לוֹ, –
רְעוּאֵל, יֶתֶר, יִתְרוֹ, חוֹבָב, –
חֶבֶר, קֵינִי, פּוּטִיאֵל. –

יתרו - ______________________

____

____

לְמֹשֶׁה וּלְיִשְׂרָאֵל.

שָׁקוּל מֹשֶׁה כְּנֶגֶד כָּל יִשְׂרָאֵל: –

למשה ולישראל - ______________________________

____

כִּי הוֹצִיא ה' וְגוֹ.'

זוֹ גְדוֹלָה עַל כֻּלָּם: –

כי הוציא ה' וגו' - ______________________________

____

ב) וַיִּקַּח –

____

יִתְרוֹ –

____

חֹתֵן מֹשֶׁה –

____

אֶת־צִפֹּרָה –

____

אֵשֶׁת מֹשֶׁה –

____

אַחַר –

שִׁלּוּחֶיהָ: –

(ב) אַחַר שִׁלּוּחֶיהָ.
כְּשֶׁאָמַר לוֹ הַקָּדוֹשׁ בָּרוּךְ הוּא בְּמִדְיָן –
"לֵךְ שֻׁב מִצְרַיִם, –
וַיִּקַּח מֹשֶׁה אֶת אִשְׁתּוֹ וְאֶת בָּנָיו וְגוֹ'", –
וְיָצָא אַהֲרֹן לִקְרָאתוֹ –
"וַיִּפְגְּשֵׁהוּ בְּהַר הָאֱלֹקִים". –
אָמַר לוֹ, –
מִי הֵם הַלָּלוּ, –
אָמַר לוֹ, –
זוֹ הִיא אִשְׁתִּי שֶׁנָּשָׂאתִי בְּמִדְיָן –
וְאֵלּוּ בָּנַי. –
אָמַר לוֹ, –
וְהֵיכָן אַתָּה מוֹלִיכָן, –
אָמַר לוֹ, –
לְמִצְרַיִם. –
אָמַר לוֹ, –

עַל הָרִאשׁוֹנִים אָנוּ מִצְטַעֲרִים –	
וְאַתָּה בָא לְהוֹסִיף עֲלֵיהֶם. –	
אָמַר לָהּ, –	
לְכִי לְבֵית אָבִיךְ, –	
נָטְלָה שְׁנֵי בָנֶיהָ –	
וְהָלְכָה לָהּ: –	

אחר שלוחיה - ____________________

ג) וְאֵת –

שְׁנֵי בָנֶיהָ –

אֲשֶׁר שֵׁם הָאֶחָד –

גֵּרְשֹׁם –

כִּי אָמַר –

גֵּר הָיִיתִי –

בְּאֶרֶץ –

נָכְרִיָּה: –

ד) וְשֵׁם הָאֶחָד –

אֱלִיעֶזֶר –

כִּי־אֱלֹקֵי אָבִי –

בְּעֶזְרִי – was my help

וַיַּצִּלֵנִי –

מֵחֶרֶב פַּרְעֹה: –

(ד) וַיַּצִּלֵנִי מֵחֶרֶב פַּרְעֹה.	
כְּשֶׁגִּלּוּ דָּתָן וַאֲבִירָם –	When Dasan and Avirum revealed
עַל דְּבַר הַמִּצְרִי –	

וּבִקֵּשׁ לַהֲרוֹג אֶת מֹשֶׁה -

נַעֲשָׂה צַוָּארוֹ כְּעַמּוּד שֶׁל שַׁיִשׁ: - his neck became like a pillar of marble

ויצלני מחרב פרעה - ______________________

____

____

____

____

ה) וַיָּבֹא –

____

יִתְרוֹ חֹתֵן מֹשֶׁה –

____

וּבָנָיו וְאִשְׁתּוֹ –

____

אֶל־מֹשֶׁה –

____

אֶל־הַמִּדְבָּר –

____

אֲשֶׁר־הוּא –

____

חֹנֶה שָׁם –

____

הַר הָאֱלֹקִים: –

____

(ה) אֶל הַמִּדְבָּר.	
הֲרֵי הָיוּ יוֹדְעִים שֶׁבַּמִּדְבָּר הָיוּ. –	
אֶלָּא בְּשִׁבְחוֹ שֶׁל יִתְרוֹ דִּבֵּר הַכָּתוּב, –	
שֶׁהָיָה יוֹשֵׁב בִּכְבוֹדוֹ שֶׁל עוֹלָם, –	
וְנְדָבוֹ לִבּוֹ לָצֵאת אֶל הַמִּדְבָּר –	and his hear desired to go out to the desert
מְקוֹם תֹּהוּ –	a place of nothingness
לִשְׁמוֹעַ דִּבְרֵי תוֹרָה: –	

אל המדבר - ______________________________

____

____

____

____

ו) וַיֹּאמֶר –

____

אֶל־מֹשֶׁה –

____

אֲנִי –

____

חֹתֶנְךָ יִתְרוֹ –

____

בָּא אֵלֶיךָ –

____

וְאִשְׁתְּךָ –

וּשְׁנֵי בָנֶיהָ –

עִמָּהּ: –

(ו) וַיֹּאמֶר אֶל מֹשֶׁה.
עַל יְדֵי שָׁלִיחַ: -

ויאמר אל משה - ____________________

____

ז) וַיֵּצֵא מֹשֶׁה –

לִקְרַאת חֹתְנוֹ –

וַיִּשְׁתַּחוּ –

וַיִּשַּׁק־לוֹ –

וַיִּשְׁאֲלוּ אִישׁ־לְרֵעֵהוּ –

לְשָׁלוֹם –

וַיָּבֹאוּ –

הָאֹהֱלָה: –

(ז) <u>וַיֵּצֵא מֹשֶׁה.</u>
כָּבוֹד גָּדוֹל -
נִתְכַּבֵּד יִתְרוֹ בְּאוֹתָהּ שָׁעָה, -
כֵּיוָן שֶׁיָּצָא מֹשֶׁה -
יָצָא אַהֲרֹן נָדָב וַאֲבִיהוּא, -
וּמִי הוּא שֶׁרָאָה אֶת אֵלּוּ יוֹצְאִין -
וְלֹא יָצָא: -

ויצא משה - ______________________________

____

____

____

____

ח) <u>וַיְסַפֵּר מֹשֶׁה</u> –

____

לְחֹתְנוֹ –

____

אֵת כָּל־אֲשֶׁר עָשָׂה ה' –

____

לְפַרְעֹה וּלְמִצְרַיִם –

____

עַל –

____

אוֹדֹת יִשְׂרָאֵל –	for the sake of Yisroel
אֵת כָּל־הַתְּלָאָה –	all of the hardship
אֲשֶׁר מְצָאָתַם בַּדֶּרֶךְ –	
וַיַּצִּלֵם –	
ה׳: –	
ט) וַיִּחַדְּ יִתְרוֹ –	
עַל –	
כָּל־הַטּוֹבָה –	
אֲשֶׁר־עָשָׂה ה׳ –	
לְיִשְׂרָאֵל –	
אֲשֶׁר הִצִּילוֹ –	
מִיַּד מִצְרָיִם: –	

(ט) וַיִּחַדְּ יִתְרוֹ.	
וַיִּשְׂמַח יִתְרוֹ, –	
זֶהוּ פְּשׁוּטוֹ. –	
וּמִדְרַשׁ אַגָּדָה, –	
נַעֲשָׂה בְשָׂרוֹ חִדּוּדִין חִדּוּדִין, –	his skin became pimples
מֵיצֵר עַל אִבּוּד מִצְרַיִם. –	

הַיְינוּ דְּאָמְרֵי אִינְשֵׁי, –	
גִּיּוֹרָא עַד עֲשָׂרָה דָּרֵי –	
לָא תְבַזֵּי אֲרַמָּאָה בְּאַפֵּיהּ: –	you should not embarrass an Aramenean in his presence

ויחד יתרו - ______

______

______

______

______

י) וַיֹּאמֶר –

______

יִתְרוֹ –

______

בָּרוּךְ ה' –

______

אֲשֶׁר הִצִּיל אֶתְכֶם –

______

מִיַּד מִצְרַיִם –

______

וּמִיַּד פַּרְעֹה –

______

אֲשֶׁר הִצִּיל –

______

אֶת־הָעָם –

______

מִתַּחַת –

______

יַד־מִצְרָיִם: –

(י) אֲשֶׁר הִצִּיל אֶתְכֶם מִיַּד מִצְרַיִם.
אֻמָּה קָשָׁה: – a tough nation

אשר הציל אתכם מיד מצרים - ______________________

____

____

וּמִיַּד פַּרְעֹה.
מֶלֶךְ קָשֶׁה: –

ומיד פרעה - ______________________

____

יא) עַתָּה יָדַעְתִּי –

____

כִּי־גָדוֹל ה' –

____

מִכָּל־הָאֱלֹקִים –

____

כִּי בַדָּבָר –

אֲשֶׁר זָדוּ –

עֲלֵיהֶם: –

(יא) עַתָּה יָדַעְתִּי.
מַכִּירוֹ הָיִיתִי לְשֶׁעָבַר, –
וְעַכְשָׁו בְּיוֹתֵר: –

עתה ידעתי - ______

יב) וַיִּקַּח –

יִתְרוֹ חֹתֵן מֹשֶׁה –

עֹלָה וּזְבָחִים –

לֵאלֹקִים –

וַיָּבֹא אַהֲרֹן –

וְכֹל | –

זִקְנֵי יִשְׂרָאֵל –

לֶאֱכָל־לֶחֶם –

עִם־חֹתֵן מֹשֶׁה –

לִפְנֵי הָאֱלֹקִים: –

(יב) וַיָּבֹא אַהֲרֹן וְגוֹ'.	
וּמֹשֶׁה הֵיכָן הָלַךְ, –	
וַהֲלֹא הוּא שֶׁיָּצָא לִקְרָאתוֹ –	
וְגָרַם לוֹ אֶת כָּל הַכָּבוֹד, –	and caused him all the honor
אֶלָּא שֶׁהָיָה עוֹמֵד וּמְשַׁמֵּשׁ לִפְנֵיהֶם: –	

ויבא אהרן וגו' - ______

______

______

______

לִפְנֵי הָאֱלֹקִים.
מִכַּאן –
שֶׁהַנֶּהֱנֶה מִסְּעֻדָּה שֶׁתַּלְמִידֵי חֲכָמִים מְסֻבִּין בָּהּ –
כְּאִלּוּ נֶהֱנֶה מִזִּיו הַשְּׁכִינָה: – is as if he is taken benefit from the splendor of the *shechina*

לפני האלקים - ______________________________

____

____

Topic #2: (י״ח י״ג – כ״ז) ______________________________

____

____

[שני]

יג) וַיְהִי –

מִמָּחֳרָת –

וַיֵּשֶׁב מֹשֶׁה –

לִשְׁפֹּט אֶת־הָעָם –

וַיַּעֲמֹד הָעָם –

עַל־מֹשֶׁה –

מִן־הַבֹּקֶר –

עַד־הָעָרֶב: –

(יג) וַיְהִי מִמָּחֳרָת.
מוֹצָאֵי יוֹם הַכִּפּוּרִים הָיָה, –
כָּךְ שָׁנִינוּ בְּסִפְרֵי. –
וּמַהוּ "מִמָּחֳרָת", –
לְמָחֳרַת רִדְתּוֹ מִן הָהָר. –
וְעַל כָּרְחֲךָ –
אִי אֶפְשָׁר לוֹמַר אֶלָּא מִמָּחֳרַת יוֹם הַכִּפּוּרִים, –
שֶׁהֲרֵי קוֹדֶם מַתַּן תּוֹרָה –
אִי אֶפְשָׁר לוֹמַר –
"וְהוֹדַעְתִּי אֶת חֻקֵּי וְגוֹ'", –
וּמִשֶּׁנִּתְּנָה תּוֹרָה –
עַד יוֹם הַכִּפּוּרִים –
לֹא יָשַׁב מֹשֶׁה לִשְׁפּוֹט אֶת הָעָם, –
שֶׁהֲרֵי בְּי"ז בְּתַמּוּז –
יָרַד וְשִׁבֵּר אֶת הַלּוּחוֹת, –

וּלְמָחָר –	
עָלָה בְּהַשְׁכָּמָה –	
וְשָׁהָה שְׁמוֹנִים יוֹם –	and he waited 80 days
וְיָרַד בְּיוֹם הַכִּפּוּרִים. –	
וְאֵין פָּרָשָׁה זוֹ כְּתוּבָה כְּסֵדֶר, –	
שֶׁלֹּא נֶאֱמַר –	
"וַיְהִי מִמָּחֳרָת" –	
עַד שָׁנָה שְׁנִיָּה. –	
אַף לְדִבְרֵי הָאוֹמֵר –	
יִתְרוֹ קוֹדֶם מַתַּן תּוֹרָה בָּא, –	
שִׁלּוּחוֹ אֶל אַרְצוֹ –	
לֹא הָיָה אֶלָּא עַד שָׁנָה שְׁנִיָּה, –	
שֶׁהֲרֵי נֶאֱמַר כַּאן –	
"וַיְשַׁלַּח מֹשֶׁה אֶת חוֹתְנוֹ", –	
וּמָצִינוּ בְּמַסַּע הַדְּגָלִים –	and we find by the traveling of the flags
שֶׁאָמַר לוֹ מֹשֶׁה –	
"נוֹסְעִים אֲנַחְנוּ אֶל הַמָּקוֹם וְגוֹ' –	
אַל נָא תַּעֲזוֹב אוֹתָנוּ" –	
וְאִם זֶה קוֹדֶם מַתַּן תּוֹרָה, –	

מִשֶּׁשִּׁלְּחוֹ וְהָלַךְ -
הֵיכָן מָצִינוּ שֶׁחָזַר. -
וְאִם תֹּאמַר -
שָׁם לֹא נֶאֱמַר יִתְרוֹ -
אֶלָּא חוֹבָב, -
וּבְנוֹ שֶׁל יִתְרוֹ הָיָה, -
הוּא חוֹבָב הוּא יִתְרוֹ, -
שֶׁהֲרֵי כְּתִיב -
"מִבְּנֵי חוֹבָב חוֹתֵן מֹשֶׁה": -

ויהי ממחרת - ______________________________

וַיֵּשֶׁב מֹשֶׁה וְגוֹ' וַיַּעֲמֹד הָעָם.	
יוֹשֵׁב כְּמֶלֶךְ –	
וְכֻלָּן עוֹמְדִים, –	
וְהִקְשָׁה הַדָּבָר לְיִתְרוֹ –	
שֶׁהָיָה מְזַלְזֵל בִּכְבוֹדָן שֶׁל יִשְׂרָאֵל –	that it was a disgrace to the honor of Yisroel
וְהוֹכִיחוֹ עַל כָּךְ, –	and he rebuked for this
שֶׁנֶּאֱמַר –	
"מַדּוּעַ אַתָּה יוֹשֵׁב לְבַדֶּךָ" –	
וְכֻלָּם נִצָּבִים: –	

וישב משה וגו' יועמד העם - ____

יד) וַיַּ֙רְא֙ –

חֹתֵ֣ן מֹשֶׁ֔ה –

אֵ֥ת –

כָּל־אֲשֶׁר־ה֥וּא עֹשֶׂ֖ה –

לָעָ֑ם –

וַיֹּ֗אמֶר –

מָֽה־הַדָּבָ֤ר הַזֶּה֙ –

אֲשֶׁ֨ר אַתָּ֤ה עֹשֶׂה֙ –

לָעָ֔ם –

מַדּ֗וּעַ –

אַתָּ֤ה יוֹשֵׁב֙ –

לְבַדֶּ֔ךָ –

וְכָל־הָעָ֛ם –

נִצָּ֥ב עָלֶ֖יךָ –

מִן־בֹּ֥קֶר עַד־עָֽרֶב׃ –

טו) וַיֹּ֥אמֶר מֹשֶׁ֖ה –

לְחֹתְנוֹ –

כִּֽי־יָבֹ֥א אֵלַ֛י –

הָעָ֖ם –

לִדְרֹ֥שׁ אֱלֹקִֽים: –

טז) כִּֽי־יִהְיֶ֨ה לָהֶ֤ם דָּבָר֙ –

בָּ֣א אֵלַ֔י –

וְשָׁ֣פַטְתִּ֔י –

בֵּ֥ין אִ֖ישׁ –

וּבֵ֣ין רֵעֵ֑הוּ –

וְהוֹדַעְתִּ֛י –

אֶת־חֻקֵּ֥י הָאֱלֹקִ֖ים –

וְאֶת־תּוֹרֹתָֽיו: –

יז) וַיֹּ֛אמֶר –

חֹתֵ֥ן מֹשֶׁ֖ה –

אֵלָ֑יו –

לֹא־טוֹב֙ –

הַדָּבָ֔ר –

אֲשֶׁ֥ר אַתָּ֖ה –

עֹשֶֽׂה: –

יח) נָבֹ֣ל תִּבֹּ֔ל –

גַּם־אַתָּ֔ה –

גַּם־הָעָ֥ם הַזֶּ֖ה –

אֲשֶׁ֣ר עִמָּ֑ךְ –

כִּֽי־כָבֵ֤ד מִמְּךָ֙ –

הַדָּבָ֔ר –

לֹא־תוּכַ֥ל עֲשֹׂ֖הוּ –

לְבַדֶּֽךָ: –

יט) עַתָּ֞ה –

שְׁמַ֤ע בְּקֹלִי֙ –

אִיעָ֣צְךָ֔ –

וִיהִ֥י אֱלֹקִ֖ים –

עִמָּ֑ךְ –

הֱיֵ֧ה אַתָּ֣ה לָעָ֗ם –

מ֚וּל –

הָאֱלֹקִ֔ים –

וְהֵבֵאתָ֥ אַתָּ֛ה –

אֶת־הַדְּבָרִ֖ים –

אֶל־הָאֱלֹקִֽים: –

כ) וְהִזְהַרְתָּ֣ה אֶתְהֶ֔ם –

אֶת־הַחֻקִּ֖ים –

וְאֶת־הַתּוֹרֹת –

וְהוֹדַעְתָּ לָהֶם –

אֶת־הַדֶּרֶךְ –

יֵלְכוּ בָהּ –

וְאֶת־הַמַּעֲשֶׂה –

אֲשֶׁר יַעֲשׂוּן׃ –

כא) וְאַתָּה תֶחֱזֶה מִכָּל־הָעָם –

אַנְשֵׁי־חַיִל –

יִרְאֵי אֱלֹקִים –

אַנְשֵׁי אֱמֶת –

שֹׂנְאֵי בָצַע –

וְשַׂמְתָּ עֲלֵהֶם –

שָׂרֵי אֲלָפִים –

שָׂרֵי מֵאוֹת –

שָׂרֵי חֲמִשִּׁים –

וְשָׂרֵי עֲשָׂרֹת׃ –

(כא) וְאַתָּה תֶחֱזֶה.

בְּרוּחַ הַקֹּדֶשׁ שֶׁעָלֶיךָ: –

ואתה תחזה - ______________________________

____

____

אַנְשֵׁי חַיִל.
עֲשִׁירִים, –
שֶׁאֵין צְרִיכִין לְהַחֲנִיף וּלְהַכִּיר פָּנִים: – that do not need to flatter or show recognition

אנשי חיל - ______________________________

____

____

אַנְשֵׁי אֱמֶת.
אֵלּוּ בַּעֲלֵי הַבְטָחָה –
שֶׁהֵם כְּדַאי לִסְמוֹךְ עַל דִּבְרֵיהֶם, –
שֶׁעַל יְדֵי כָךְ יִהְיוּ –
דִּבְרֵיהֶם נִשְׁמָעִין: –

אנשי אמת - ____________________

____

____

____

כב) וְשָׁפְטוּ אֶת־הָעָם –

בְּכָל־עֵת –

וְהָיָה –

כָּל־הַדָּבָר הַגָּדֹל –

יָבִיאוּ אֵלֶיךָ –

וְכָל־הַדָּבָר הַקָּטֹן –

יִשְׁפְּטוּ־הֵם –

וְהָקֵל –

מֵעָלֶיךָ –

וְנָשְׂאוּ –

אִתָּךְ: –

כג) אִם אֶת־הַדָּבָר הַזֶּה –

תַּעֲשֶׂה –

וְצִוְּךָ֣ אֱלֹקִ֔ים –

וְיָֽכָלְתָּ֖ –

עֲמֹ֑ד –

וְגַם֙ –

כָּל־הָעָ֣ם הַזֶּ֔ה –

עַל־מְקֹמ֖וֹ –

יָבֹ֥א בְשָׁלֽוֹם׃ –

[שלישי]

כד) וַיִּשְׁמַ֥ע מֹשֶׁ֖ה –

לְק֣וֹל חֹתְנ֑וֹ –

וַיַּ֕עַשׂ –

כֹּ֖ל –

אֲשֶׁ֥ר אָמָֽר׃ –

כה) וַיִּבְחַ֨ר מֹשֶׁ֜ה אַנְשֵׁי־חַ֙יִל֙ –

מִכָּל־יִשְׂרָאֵ֔ל –

וַיִּתֵּ֥ן אֹתָ֛ם –

רָאשִׁ֖ים –

עַל־הָעָ֑ם –

שָׂרֵ֤י אֲלָפִים֙ –

שָׂרֵ֣י מֵא֔וֹת –

שָׂרֵ֥י חֲמִשִּׁ֖ים –

וְשָׂרֵ֥י עֲשָׂרֹֽת׃ –

כו) וְשָׁפְט֥וּ אֶת־הָעָ֖ם –

בְּכָל־עֵ֑ת –

אֶת־הַדָּבָ֤ר הַקָּשֶׁה֙ –

יְבִיא֣וּן אֶל־מֹשֶׁ֔ה –

וְכָל־הַדָּבָ֥ר הַקָּטֹ֖ן –

יִשְׁפּוּט֥וּ הֵֽם׃ –

כז) וַיְשַׁלַּ֥ח מֹשֶׁ֖ה –

אֶת־חֹתְנ֑וֹ –

וַיֵּ֥לֶךְ ל֖וֹ –

אֶל־אַרְצֽוֹ׃ פ –

(כז) וַיֵּלֶךְ לוֹ אֶל אַרְצוֹ.

לְגַיֵּיר בְּנֵי מִשְׁפַּחְתּוֹ: –

יולך לו אל ארצו - ____________________

פרשת תרומה - פרק י"ט

Topic #3: (י"ט א' – כ"ה) ______________________________

____

____

[רביעי]

א) בַּחֹ֨דֶשׁ֙ –

הַשְּׁלִישִׁ֔י –

לְצֵ֥את בְּנֵֽי־יִשְׂרָאֵ֖ל –

מֵאֶ֣רֶץ מִצְרָ֑יִם –

בַּיּ֣וֹם הַזֶּ֔ה –

בָּ֖אוּ –

מִדְבַּ֥ר סִינָֽי׃ –

(א) בַּיּוֹם הַזֶּה.
בְּרֹאשׁ חֹדֶשׁ. –
לֹא הָיָה צָרִיךְ לִכְתּוֹב –
אֶלָּא 'בַּיּוֹם הַהוּא', –
מַהוּ "בַּיּוֹם הַזֶּה", –
שֶׁיִּהְיוּ דִּבְרֵי תוֹרָה חֲדָשִׁים עָלֶיךָ –
כְּאִלּוּ הַיּוֹם נִתְּנוּ: –

ביום הזה - ____________________

____

____

____

____

ב) וַיִּסְעוּ מֵרְפִידִים –

____

וַיָּבֹאוּ –

____

מִדְבַּר סִינַי –

____

וַיַּחֲנוּ –

____

בַּמִּדְבָּר –

____

וַיִּחַן־שָׁם יִשְׂרָאֵל –

נֶגֶד הָהָר: –

(ב) וַיִּחַן שָׁם יִשְׂרָאֵל.	
כְּאִישׁ אֶחָד בְּלֵב אֶחָד, –	
אֲבָל שְׁאָר כָּל הַחֲנִיּוֹת –	
בְּתַרְעוּמוֹת וּבְמַחֲלֹקֶת: –	with complaints and arguments

ויחן שם ישראל - ________________

____

____

____

____

ג) וּמֹשֶׁה עָלָה –

אֶל־הָאֱלֹקִים –

וַיִּקְרָא אֵלָיו ה' –

מִן־הָהָר לֵאמֹר –

כֹּה –

תֹּאמַר –

לְבֵית יַעֲקֹב –

וְתַגֵּיד –

לִבְנֵי יִשְׂרָאֵל: –

(ג) **וּמֹשֶׁה עָלָה.**
בַּיּוֹם הַשֵּׁנִי, –
וְכָל עֲלִיּוֹתָיו –
בְּהַשְׁכָּמָה הָיוּ, –
שֶׁנֶּאֱמַר –
"וַיַּשְׁכֵּם מֹשֶׁה בַּבֹּקֶר": –

ומשה עלה - ______________________________

ד) אַתֶּם רְאִיתֶם –

אֲשֶׁר עָשִׂיתִי –

לְמִצְרָיִם –

וָאֶשָּׂא אֶתְכֶם –

עַל־כַּנְפֵי נְשָׁרִים – on the wings of eagles

וָאָבִא אֶתְכֶם –

אֵלָי: –

ה) וְעַתָּה –

אִם־שָׁמוֹעַ תִּשְׁמְעוּ –

בְּקֹלִי –

וּשְׁמַרְתֶּם –

אֶת־בְּרִיתִי –

וִהְיִיתֶם לִי סְגֻלָּה –

מִכָּל־הָעַמִּים –

כִּי־לִי –

כָּל־הָאָרֶץ: –

(ה) וּשְׁמַרְתֶּם אֶת בְּרִיתִי.
שֶׁאֶכְרוֹת עִמָּכֶם עַל שְׁמִירַת הַתּוֹרָה: – that I will cut with you about guarding the Torah

ושמרתם את בריתי - ____________________

____

____

סְגֻלָּה.	
אוֹצָר חָבִיב, –	a beloved treasure
כְּמוֹ "וּסְגֻלַּת מְלָכִים", –	
כְּלֵי יָקָר –	
וַאֲבָנִים טוֹבוֹת –	
שֶׁהַמְּלָכִים גּוֹנְזִים אוֹתָם, –	that the kings hide them
כָּךְ אַתֶּם תִּהְיוּ לִי –	
סְגֻלָּה מִשְּׁאָר אֻמּוֹת. –	
וְלֹא תֹאמְרוּ –	
אַתֶּם לְבַדְּכֶם שֶׁלִּי –	
וְאֵין לִי אֲחֵרִים עִמָּכֶם, –	
וּמַה יֵּשׁ לִי עוֹד שֶׁתְּהֵא חִבַּתְכֶם נִכֶּרֶת, –	
"כִּי לִי כָּל הָאָרֶץ" –	
וְהֵם בְּעֵינַי וּלְפָנַי לִכְלוּם: –	

סגלה - ______________________________

____

____

____

____

____

____

ו) וְאַתֶּם תִּהְיוּ־לִי –

____

מַמְלֶכֶת כֹּהֲנִים –

____

וְגוֹי קָדוֹשׁ –

____

אֵלֶּה –

____

הַדְּבָרִים –

____

אֲשֶׁר תְּדַבֵּר –

____

אֶל־בְּנֵי יִשְׂרָאֵל: –

____

(ו) אֵלֶּה הַדְּבָרִים.
לֹא פָחוֹת וְלֹא יוֹתֵר: -

אלה הדברים - ______________________

____

____

[חמישי]

ז) וַיָּבֹא מֹשֶׁה –

וַיִּקְרָא –

לְזִקְנֵי הָעָם –

וַיָּשֶׂם לִפְנֵיהֶם –

אֵת –

כָּל־הַדְּבָרִים הָאֵלֶּה –

אֲשֶׁר צִוָּהוּ –

ה':–

ח) וַיַּעֲנוּ כָל־הָעָם יַחְדָּו –

וַיֹּאמְרוּ –

כֹּל –

אֲשֶׁר־דִּבֶּר ה' –

נַעֲשֶׂה –

וַיָּשֶׁב מֹשֶׁה – ______________________________

אֶת־דִּבְרֵי הָעָם – ______________________________

אֶל־ה׳: – ______________________________

(ח) וַיָּשֶׁב מֹשֶׁה אֶת דִּבְרֵי הָעָם וְגוֹ׳.
בַּיּוֹם הַמָּחֳרָת –
שֶׁהוּא יוֹם שְׁלִישִׁי, –
שֶׁהֲרֵי בְּהַשְׁכָּמָה עָלָה. –
וְכִי צָרִיךְ הָיָה מֹשֶׁה לְהָשִׁיב, –
אֶלָּא בָּא הַכָּתוּב –
לְלַמֶּדְךָ דֶּרֶךְ אֶרֶץ מִמֹּשֶׁה, –
שֶׁלֹּא אָמַר –
הוֹאִיל וְיוֹדֵעַ מִי שֶׁשְּׁלָחַנִי –
אֵינִי צָרִיךְ לְהָשִׁיב: –

וישב משה את דברי העם וגו׳ - ______________________________

____

____

ט) וַיֹּאמֶר ה' –

אֶל־מֹשֶׁה –

הִנֵּה אָנֹכִי –

בָּא אֵלֶיךָ –

בְּעַב הֶעָנָן – in the thickness of the cloud

בַּעֲבוּר –

יִשְׁמַע הָעָם –

בְּדַבְּרִי עִמָּךְ –

וְגַם־בְּךָ –

יַאֲמִינוּ לְעוֹלָם –

וַיַּגֵּד מֹשֶׁה –

אֶת־דִּבְרֵי הָעָם –

אֶל־ה'׃ –

(ט) וַיַּגֵּד מֹשֶׁה וְגוֹ'.
בְּיוֹם הַמָּחֳרָת –
שֶׁהוּא רְבִיעִי לַחֹדֶשׁ: –

ויגד משה וגו' - ______________________________

____

____

אֶת דִּבְרֵי הָעָם וְגוֹ'.
תְּשׁוּבָה עַל דָּבָר זֶה –
שָׁמַעְתִּי מֵהֶם, –
שֶׁרְצוֹנָם לִשְׁמוֹעַ מִמְּךָ, –
אֵינוֹ דּוֹמֶה הַשּׁוֹמֵעַ מִפִּי שָׁלִיחַ –
לַשּׁוֹמֵעַ מִפִּי הַמֶּלֶךְ, –
רְצוֹנֵנוּ לִרְאוֹת אֶת מַלְכֵּנוּ: –

____________________ - **את דברי העם וגו׳**

י) וַיֹּאמֶר ה׳ אֶל־מֹשֶׁה –

לֵךְ אֶל־הָעָם –

וְקִדַּשְׁתָּם הַיּוֹם –

וּמָחָר –

וְכִבְּסוּ –

שִׂמְלֹתָם: –

יא) וְהָיוּ נְכֹנִים –

לַיּוֹם הַשְּׁלִישִׁי –

כִּי | –

בַּיּוֹם הַשְּׁלִשִׁי –

יֵרֵד ה׳ –

לְעֵינֵי כָל־הָעָם –

עַל־הַ֥ר סִינָֽי׃ –

____

(יא) לְעֵינֵי כָל הָעָם.
מְלַמֵּד –
שֶׁלֹּא הָיָה בָהֶם סוּמָא, –
שֶׁנִּתְרַפְּאוּ כֻלָּם: –

לעיני כל העם - ____

____

____

יב) וְהִגְבַּלְתָּ֤ אֶת־הָעָם֙ –

____

סָבִ֣יב לֵאמֹ֔ר –

____

הִשָּׁמְר֥וּ לָכֶ֛ם –

____

עֲל֥וֹת בָּהָ֖ר –

____

וּנְגֹ֣עַ בְּקָצֵ֑הוּ –

____

כָּל־הַנֹּגֵ֥עַ בָּהָ֖ר –

____

מ֥וֹת יוּמָֽת׃ –

____

יג) לֹֽא־תִגַּ֨ע בּ֜וֹ –

____

יָד –

כִּֽי־סָק֤וֹל יִסָּקֵל֙ –

אֽוֹ־יָרֹ֣ה יִיָּרֶ֔ה –

אִם־בְּהֵמָ֥ה אִם־אִ֖ישׁ –

לֹ֣א יִחְיֶ֑ה –

בִּמְשֹׁךְ֙ – with the blowing of

הַיֹּבֵ֔ל –

הֵ֖מָּה –

יַעֲל֥וּ בָהָֽר: –

(יג) הַיּוֹבֵל.	
הוּא שׁוֹפָר שֶׁל אַיִל, –	
שֶׁכֵּן בַּעֲרַבְיָא –	similar in Arabia
קוֹרִין לְדִכְרָא "יוּבְלָא". –	
וְשׁוֹפָר שֶׁל אֵילוֹ שֶׁל יִצְחָק הָיָה: –	

היובל - ____________________

____

____

יד) וַיֵּרֶד מֹשֶׁה –

מִן־הָהָר –

אֶל־הָעָם –

וַיְקַדֵּשׁ –

אֶת־הָעָם –

וַיְכַבְּסוּ –

שִׂמְלֹתָם: –

טו) וַיֹּאמֶר –

אֶל־הָעָם –

הֱיוּ נְכֹנִים –

לִשְׁלֹשֶׁת יָמִים –

אַל־תִּגְּשׁוּ –

אֶל־אִשָּׁה: –

(טו) הֱיוּ נְכוֹנִים לִשְׁלֹשֶׁת יָמִים.
לְסוֹף שְׁלֹשֶׁת יָמִים, –
הוּא יוֹם רְבִיעִי, –
שֶׁהוֹסִיף מֹשֶׁה יוֹם אֶחָד מִדַּעְתּוֹ, –
כְּדִבְרֵי רַבִּי יוֹסֵי. –

וּלְדִבְרֵי הָחוֹמֶר -

בְּשִׁשָּׁה בַּחֹדֶשׁ -

נִתְּנוּ עֲשֶׂרֶת הַדִּבְּרוֹת, -

לֹא הוֹסִיף מֹשֶׁה כְּלוּם, -

וְ"לִשְׁלֹשֶׁת יָמִים" -

כְּמוֹ 'לַיּוֹם הַשְּׁלִישִׁי': -

- היו נכונים לשלשת ימים

טז) וַיְהִי֩ בַיּ֨וֹם הַשְּׁלִישִׁ֜י –

בִּהְיֹ֣ת הַבֹּ֗קֶר –

וַיְהִי֩ קֹלֹ֨ת וּבְרָקִ֜ים –

וְעָנָ֤ן כָּבֵד֙ –

עַל־הָהָר –

וְקֹל שֹׁפָר –

חָזָק מְאֹד –

וַיֶּחֱרַד כָּל־הָעָם –

אֲשֶׁר בַּמַּחֲנֶה: –

יז) וַיּוֹצֵא מֹשֶׁה אֶת־הָעָם –

לִקְרַאת הָאֱלֹקִים –

מִן־הַמַּחֲנֶה –

וַיִּתְיַצְּבוּ –

בְּתַחְתִּית הָהָר: –

(יז) בְּתַחְתִּית הָהָר.
לְפִי פְשׁוּטוֹ –
בְּרַגְלֵי הָהָר. –
וּמִדְרָשׁוֹ, –
שֶׁנִּתְלַשׁ הָהָר מִמְּקוֹמוֹ – that He uprooted the mountain from its place
וְנִכְפָּה עֲלֵיהֶם כְּגִיגִית: –

בתחתית ההר - ______________________________

____

____

____

____

יח) וְהַ֤ר סִינַי֙ –

עָשַׁ֣ן כֻּלּ֔וֹ –

מִ֠פְּנֵ֠י –

אֲשֶׁ֨ר יָרַ֥ד עָלָ֛יו –

ה׳ –

בָּאֵ֑שׁ –

וַיַּ֤עַל עֲשָׁנוֹ֙ –

כְּעֶ֣שֶׁן הַכִּבְשָׁ֔ן –

וַיֶּחֱרַ֥ד כָּל־הָהָ֖ר –

מְאֹֽד: –

יט) וַיְהִי֙ –

ק֣וֹל הַשֹּׁפָ֔ר –

הוֹלֵ֖ךְ –

וְחָזֵק מְאֹד – ____________________

מֹשֶׁה יְדַבֵּר – ____________________

וְהָאֱלֹקִים – ____________________

יַעֲנֶנּוּ בְקוֹל: – ____________________

(יט) הוֹלֵךְ וְחָזֵק מְאֹד.	
מִנְהַג הֶדְיוֹט –	
כָּל זְמַן שֶׁהוּא מַאֲרִיךְ לִתְקוֹעַ –	
קוֹלוֹ מַחֲלִישׁ וְכוֹהֶה, –	its sound weakens and faints
אֲבָל כָּאן –	
״הוֹלֵךְ וְחָזֵק מְאֹד״. –	

הולך וחזק מאד - ____________________

____

____

____

(יט) מֹשֶׁה יְדַבֵּר.
כְּשֶׁהָיָה מֹשֶׁה מְדַבֵּר –
וּמַשְׁמִיעַ הַדִּבְּרוֹת לְיִשְׂרָאֵל, –
שֶׁהֲרֵי לֹא שָׁמְעוּ מִפִּי הַגְּבוּרָה –
אֶלָּא "אָנֹכִי" וְ"לֹא יִהְיֶה לְךָ", –
וְהַקָּדוֹשׁ בָּרוּךְ הוּא –
מְסַיְּעוֹ לָתֵת בּוֹ כֹּחַ –
לִהְיוֹת קוֹלוֹ –
מַגְבִּיר וְנִשְׁמָע: –

משה ידבר - ______________________________

____

____

____

____

____

____

[ששי]

כ) וַיֵּרֶד ה' –

עַל־הַר סִינַי –

אֶל־רֹאשׁ הָהָר –

וַיִּקְרָא ה' לְמֹשֶׁה –

אֶל־רֹאשׁ הָהָר –

וַיַּעַל מֹשֶׁה: –

כא) וַיֹּאמֶר ה' –

אֶל־מֹשֶׁה –

רֵד –

הָעֵד בָּעָם –

פֶּן־יֶהֶרְסוּ אֶל־ה' –

לִרְאוֹת –

וְנָפַל מִמֶּנּוּ –

רָב: –

כב) וְגַם הַכֹּהֲנִים –

הַנִּגָּשִׁים אֶל־ה' –

יִתְקַדָּשׁוּ –

פֶּן־יִפְרֹץ בָּהֶם –

ה': –

כג) וַיֹּאמֶר מֹשֶׁה –

אֶל־ה׳ –

לֹא־יוּכַל הָעָם –

לַעֲלֹת –

אֶל־הַר סִינָי –

כִּי־אַתָּה –

הַעֵדֹתָה בָּנוּ –

לֵאמֹר –

הַגְבֵּל אֶת־הָהָר –

וְקִדַּשְׁתּוֹ: –

כד) וַיֹּאמֶר אֵלָיו ה׳ –

לֶךְ־רֵד –

וְעָלִיתָ אַתָּה –

וְאַהֲרֹן עִמָּךְ –

וְהַכֹּהֲנִים וְהָעָם –

אַל־יֶהֶרְסוּ –

לַעֲלֹת אֶל־ה׳ –

פֶּן־יִפְרָץ־בָּם: –

כה) וַיֵּרֶד מֹשֶׁה –

אֶל־הָעָם –

וַיֹּאמֶר –

אֲלֵהֶם: ס –

(כה) וַיֹּאמֶר אֲלֵיהֶם.
הַתְרָאָה זוֹ: –

ויאמר אליהם - ______________________

____

____

פרשת תרומה - פרק כ׳

Topic #4: (כ׳ א׳ – י״ד) ____________________

____

____

פרק כ

א) וַיְדַבֵּר אֱלֹקִים –

אֵת –

כָּל־הַדְּבָרִים הָאֵלֶּה –

לֵאמֹר: ס –

ב) אָנֹכִי –

ה׳ אֱלֹקֶיךָ –

אֲשֶׁר הוֹצֵאתִיךָ –

מֵאֶרֶץ מִצְרַיִם –

מִבֵּית עֲבָדִים: –

ג לֹא־יִהְיֶה לְךָ –

אֱלֹהִים אֲחֵרִים –

עַל־פָּנָיַ: –

(ג) אֱלֹהִים אֲחֵרִים.
שֶׁאֵינָן אֱלֹהוּת, –
אֶלָּא אֲחֵרִים עֲשָׂאוּם אֱלֹהִים עֲלֵיהֶם. –

אלהים אחרים - ______

ד) לֹא־תַעֲשֶׂה לְךָ פֶסֶל –

וְכָל־תְּמוּנָה –

אֲשֶׁר בַּשָּׁמַיִם –

מִמַּעַל –

וַאֲשֶׁר בָּאָרֶץ –

מִתָּחַת –

וַאֲשֶׁר בַּמַּיִם –

מִתַּחַת לָאָרֶץ: –

ה) לֹֽא־תִשְׁתַּחֲוֶ֥ה לָהֶ֖ם –

וְלֹ֣א תָעָבְדֵ֑ם –

כִּ֣י אָֽנֹכִ֞י –

ה׳ אֱלֹקֶ֙יךָ֙ –

קֵ֣ל קַנָּ֔א –

פֹּ֠קֵד –

עֲוֺ֨ן אָבֹ֧ת עַל־בָּנִ֛ים –

עַל־שִׁלֵּשִׁ֥ים וְעַל־רִבֵּעִ֖ים –

לְשֹׂנְאָֽי׃ –

ו) וְעֹ֥שֶׂה חֶ֖סֶד –

לַאֲלָפִ֑ים –

לְאֹהֲבַ֖י –

וּלְשֹׁמְרֵ֥י מִצְוֺתָֽי׃ ס –

(ו) עֹשֶׂה חֶסֶד וְגוֹ׳. נוֹצֵר חֶסֶד.
שֶׁאָדָם עוֹשֶׂה, –
לְשַׁלֵּם שָׂכָר –
עַד לְאַלְפַּיִם דּוֹר. –
נִמְצֵאת –

מִדָּה טוֹבָה יְתֵרָה –
עַל מִדַּת פֻּרְעָנוּת –
חַחַת עַל חֲמֵשׁ מֵאוֹת, –
שֶׁזּוֹ לְאַרְבַּעָה דוֹרוֹת –
וְזוֹ לְאַלְפַּיִם: –

עשה חסד וגו'. נוצר חסד - ____________________

ז) לֹא תִשָּׂא –

אֶת־שֵׁם־ה' אֱלֹהֶיךָ –

לַשָּׁוְא –

כִּי לֹא יְנַקֶּה –

ה' –

אֶת –

אֲשֶׁר־יִשָּׂא אֶת־שְׁמוֹ –

לַשָּׁוְא: פ –

ח) זָכוֹר –

אֶת־יוֹם הַשַּׁבָּת –

לְקַדְּשׁוֹ: –

ח) זָכוֹר.
"זָכוֹר" וְ"שָׁמוֹר" -
בְּדִבּוּר אֶחָד נֶאֶמְרוּ. -

זכור - ______

ט) שֵׁשֶׁת יָמִים –

תַּעֲבֹד –

וְעָשִׂיתָ –

כָּל־מְלַאכְתֶּךָ: –

(ט) וְעָשִׂיתָ כָּל מְלַאכְתֶּךָ.	
כְּשֶׁתָּבֹא שַׁבָּת -	
יְהֵא בְעֵינֶיךָ -	
כְּאִלּוּ כָּל מְלַאכְתְּךָ עֲשׂוּיָה, -	
שֶׁלֹּא תְהַרְהֵר אַחַר מְלָאכָה: -	that you should not think about work

ועשית כל מלאכתך - ______________________________

____

____

____

____

____

י) וְיוֹם הַשְּׁבִיעִי –

____

שַׁבָּת –

____

לַה׳ אֱלֹקֶיךָ –

____

לֹא־תַעֲשֶׂה כָל־מְלָאכָה –

____

אַתָּה ׀ –

____

וּבִנְךָ֣ וּבִתֶּ֗ךָ –

עַבְדְּךָ֤ וַאֲמָֽתְךָ֙ –

וּבְהֶמְתֶּ֔ךָ –

וְגֵרְךָ֖ –

אֲשֶׁ֥ר בִּשְׁעָרֶֽיךָ׃ –

יא) כִּ֣י שֵֽׁשֶׁת־יָמִים֩ עָשָׂ֨ה ה׳ –

אֶת־הַשָּׁמַ֣יִם וְאֶת־הָאָ֗רֶץ –

אֶת־הַיָּם֙ –

וְאֶת־כָּל־אֲשֶׁר־בָּ֔ם –

וַיָּ֖נַח –

בַּיּ֣וֹם הַשְּׁבִיעִ֑י –

עַל־כֵּ֗ן –

בֵּרַ֥ךְ ה׳ –

אֶת־י֥וֹם הַשַּׁבָּ֖ת –

וַֽיְקַדְּשֵֽׁהוּ׃ ס –

יב) כַּבֵּ֥ד אֶת־אָבִ֖יךָ –

וְאֶת־אִמֶּ֑ךָ –

לְמַ֙עַן֙ –

יַאֲרִכ֣וּן יָמֶ֔יךָ –

עַ֚ל –

הָֽאֲדָמָ֔ה –

אֲשֶׁר־ה׳ אֱלֹקֶ֖יךָ –

נֹתֵ֥ן לָֽךְ׃ ס –

יג) לֹ֖א תִרְצָֽח ס –

לֹ֖א תִנְאָֽף ס –

לֹ֖א תִגְנֹֽב ס –

לֹא־תַעֲנֶ֥ה בְרֵעֲךָ֖ –

עֵ֥ד שָֽׁקֶר׃ ס –

יד) לֹ֥א תַחְמֹ֖ד –

בֵּ֣ית רֵעֶ֑ךָ ס –

לֹֽא־תַחְמֹ֞ד –

אֵ֣שֶׁת רֵעֶ֗ךָ –

וְעַבְדּ֤וֹ וַאֲמָתוֹ֙ –

וְשׁוֹר֣וֹ וַחֲמֹר֔וֹ –

וְכֹ֖ל –

אֲשֶׁ֥ר לְרֵעֶֽךָ׃ פ –

Topic #5: (כ׳ ט״ו – כ״ג) ______

[שביעי]

טו) וְכָל־הָעָם֩ רֹאִ֨ים אֶת־הַקּוֹלֹ֜ת –

וְאֶת־הַלַּפִּידִ֗ם –

וְאֵת֙ –

ק֣וֹל הַשֹּׁפָ֔ר –

וְאֶת־הָהָ֖ר –

עָשֵׁ֑ן –

וַיַּ֤רְא הָעָם֙ –

וַיָּנֻ֔עוּ –

וַיַּֽעַמְד֖וּ –

מֵֽרָחֹֽק׃ –

(טו) וְכָל הָעָם רוֹאִים.
מְלַמֵּד –
שֶׁלֹּא הָיָה בָהֶם אֶחָד סוּמָא. –
וּמִנַּיִן שֶׁלֹּא הָיָה בָהֶם אִלֵּם, – and from where that there was not amongst them a mute
תַּלְמוּד לוֹמַר –
"וַיַּעֲנוּ כָל הָעָם". –

וּמִנַּיִן שֶׁלֹּא הָיָה בָּהֶם חֵרֵשׁ, –
תַּלְמוּד לוֹמַר –
"נַעֲשֶׂה וְנִשְׁמָע": –

וכל העם רואים - ______________________________

____

____

____

____

____

____

טז) וַיֹּאמְרוּ –

____

אֶל־מֹשֶׁה –

____

דַּבֵּר־אַתָּה עִמָּנוּ –

____

וְנִשְׁמָעָה –

____

וְאַל־יְדַבֵּר עִמָּנוּ –

____

אֱלֹקִים –

____

פֶּן־נָמוּת: –

____

יז) וַיֹּאמֶר מֹשֶׁה אֶל־הָעָם –

אַל־תִּירָאוּ –

כִּי –

לְבַעֲבוּר –

נַסּוֹת אֶתְכֶם –

בָּא –

הָאֱלֹקִים –

וּבַעֲבוּר –

תִּהְיֶה יִרְאָתוֹ –

עַל־פְּנֵיכֶם –

לְבִלְתִּי תֶחֱטָאוּ: –

יח) וַיַּעֲמֹד הָעָם –

מֵרָחֹק –

וּמֹשֶׁה –

נִגַּשׁ אֶל־הָעֲרָפֶל –

אֲשֶׁר־שָׁם –

הָאֱלֹקִים: ס –

[מפטיר]

יט) וַיֹּאמֶר ה׳ –

אֶל־מֹשֶׁה –

כֹּה תֹאמַר –

אֶל־בְּנֵי יִשְׂרָאֵל –

אַתֶּם רְאִיתֶם –

כִּי –

מִן־הַשָּׁמַיִם –

דִּבַּרְתִּי –

עִמָּכֶם׃ –

כ) לֹא תַעֲשׂוּן –

אִתִּי –

אֱלֹהֵי כֶסֶף –

וֵאלֹהֵי זָהָב –

לֹא תַעֲשׂוּ –

לָכֶם׃ –

כא) מִזְבַּח אֲדָמָה –

תַּעֲשֶׂה־לִּי –

וְזָבַחְתָּ עָלָיו –

אֶת־עֹלֹתֶיךָ –

וְאֶת־שְׁלָמֶיךָ –

אֶת־צֹאנְךָ –

וְאֶת־בְּקָרֶךָ –

בְּכָל־הַמָּקוֹם –

אֲשֶׁר אַזְכִּיר אֶת־שְׁמִי –

אָבוֹא אֵלֶיךָ –

וּבֵרַכְתִּיךָ: –

כב) וְאִם־מִזְבַּח אֲבָנִים –

תַּעֲשֶׂה־לִּי –

לֹא־תִבְנֶה אֶתְהֶן –

גָּזִית –

כִּי חַרְבְּךָ –

הֵנַפְתָּ עָלֶיהָ –

וַתְּחַלְלֶהָ: –

(כב) וַתְּחַלְלֶהָ.	
הָא לָמַדְתָּ –	
שֶׁאִם הֵנַפְתָּ עָלֶיהָ בַּרְזֶל –	that if you wave upon it iron
חִלַּלְתָּ, –	
שֶׁהַמִּזְבֵּחַ נִבְרָא –	
לְהַאֲרִיךְ יָמָיו שֶׁל אָדָם –	
וְהַבַּרְזֶל נִבְרָא –	

לְקַצֵּר יָמָיו שֶׁל אָדָם, –	
אֵין זֶה בְּדִין –	
שֶׁיּוּנַף הַמְקַצֵּר עַל הַמַּאֲרִיךְ. –	
וְעוֹד, –	
שֶׁהַמִּזְבֵּחַ מֵטִיל שָׁלוֹם –	
בֵּין יִשְׂרָאֵל לַאֲבִיהֶם שֶׁבַּשָּׁמַיִם, –	
לְפִיכָךְ –	
לֹא יָבֹא עָלָיו כּוֹרֵת וּמְחַבֵּל. –	it should not be brought upon it something that cuts and injures
הֲרֵי דְּבָרִים קַל וָחֹמֶר, –	
וּמָה אֲבָנִים –	
שֶׁאֵינָם רוֹאוֹת –	
וְלֹא שׁוֹמְעוֹת –	
וְלֹא מְדַבְּרוֹת, –	
עַל יְדֵי שֶׁמְּטִילוֹת שָׁלוֹם –	
אָמְרָה תוֹרָה –	
"לֹא תָנִיף עֲלֵיהֶם בַּרְזֶל", –	
הַמֵּטִיל שָׁלוֹם –	
בֵּין אִישׁ לְאִשְׁתּוֹ –	
בֵּין מִשְׁפָּחָה לְמִשְׁפָּחָה –	

בֵּין אָדָם לַחֲבֵרוֹ, –
עַל אַחַת כַּמָּה וְכַמָּה –
שֶׁלֹּא תְּבוֹאֵהוּ פֻּרְעָנוּת: –

ותחללה - ____________________

כג) וְלֹא־תַעֲלֶה בְמַעֲלֹת –

עַל־מִזְבְּחִי –

אֲשֶׁר –

לֹא־תִגָּלֶה עֶרְוָתְךָ –

עָלָיו: פ פ פ –

מצוה #25

עשה #12

(שמות כ' ב') אָנֹכִי ד' אֱלֹקֶיךָ אֲשֶׁר הוֹצֵאתִיךָ מֵאֶרֶץ מִצְרַיִם

Is this a commandment or a statement? ______________________________

This Pasuk teaches us that a person must believe in Hashem. This Mitzvah applies to everyone at all times. It is essential to believe in Hashem or else a person would not be able to keep the rest of the Torah.

What does this mean to me?

As you go through life you will encounter people that will challenge the existence of Hashem. They will tell you to prove that He exists. This Mitzvah informs you that you can not prove the existence of Hashem. If you could prove that Hashem is real, then it would be a fact and not a belief. You must always keep in mind that Hashem is real to a point that it is a reality to you.

Case in Point

"Listen Dan, why do you keep Kosher?"

"Because my Torah instructs me to, Paul. Why do you ask?"

"I find it hard to understand that because a book tells you to do something you do it. I mean, Dan, if you read one book on finances, you wouldn't do exactly what it instructs you do."

"That's true Paul, but the Torah was written by G-d, not a human."

"How do you know that Dan? You can't prove it."

"You are right, I can't prove it. But I don't need to. All I need to do is believe that there is a G-d, and then everything else just follows."

אֲנִי מַאֲמִין בֶּאֱמוּנָה שְׁלֵמָה

מצוה #26
לא תעשה #14

(שמות כ' ג') לֹא יִהְיֶה לְךָ אֱלֹקִים אֲחֵרִים עַל פָּנָי

This Pasuk instructs us that we are forbidden to believe that there are other gods or powers along with Hashem. To put any faith or belief that other objects control things is wrong.

What does this mean to me?

You use the term "Mother Nature" often to describe the cause and effects in the world. Hurricanes are the result of different types of air currents over large bodies of water. The change in weather temperatures is because of human beings. The reality is, to truly believe that people or things control another is incorrect. Hashem created the world with rules that you call "nature". Hashem runs the world within the rules He created. However, if Hashem desired to, He could change the rules. You must realize that even the rules of nature are really Hashem and not something that is controlled by your actions or someone else's.

Case in Point

"Well Rob, they have been telling us for decades th at if we didn't educe our pollution, the glaciers would continue to melt, and therefore create large amounts of flooding. This was all in our control, and we blew it."

"You are right Chris. This is what happens when we don't respect Mother Nature. We should have listened to the scientist all those years ago. Now we are suffering the consequences of our actions."

"Rob, Chris, I can't agree with you guys."

"Why not Dave? Haven't the scientist been predicting this for decades?!"

"I agree that the melting of the glaciers could be caused from our continues polluting, however G-d runs the world and if He didn't want this to happen then it wouldn't, no matter how much we polluted. I feel we need to take better responsibility of our actions, but ultimately it all comes down to G-d."

מצוה 27#
לא תעשה 15#

(שמות כ' ד') **לֹא תַעֲשֶׂה לְךָ פֶסֶל וְכָל תְּמוּנָה**

Is there anything wrong with helping someone do something incorrect if you are not actually performing the incorrect action? ____

This Pasuk tells us that it is forbidden to create something that is suppose to be used for idol worshipping. This prohibition applies even to instruct someone else to make an idol, even if you are not going to be serving it.

What does this mean to me?

You must be careful in life not to help facilitate others to do wrong things. Even though you will not be doing anything that is wrong, but even to encourage others or assist them with their actions is considered wrong. Sometimes a friend will tell you about a plan to cheat or hurt someone. If you assist the person or give him ideas about how to accomplish his goal, you are just as guilty even if you do not actually participate.

Case in Point

"Hey Rich, I'm planning on stealing the test from the teacher so I can study from it beforehand. Do you have any ideas how I could do it?"

"Sorry Bill, I am not getting involved."

"Come on Rich I am not asking you do actually do anything, just help give me some ideas. You always come up with good ideas. I won't tell anybody."

"Sorry, but I still can't help you Bill. Even by me giving you ideas or suggestions how to do it would be wrong."

מצוה 28#
לא תעשה 16#

(שמות כ' ה') **לֹא תִשְׁתַּחֲוֶה לָהֶם וְלֹא תָעָבְדֵם**

Describe prostration: ____

____

This Pasuk informs us that it is forbidden to serve an idol using any one of the four universal ways of serving. Prostration is one of the four ways. The other three are: offering sacrifices, burning your flesh and libation of wine or other liquids. This prohibition applies even if one of these four methods is not the normal way to serve that particular idol.

What does this mean to me?

The Rabbis forbade you to be in a kneeling position when before an idol, even if the purpose for kneeling was to pick something up. Because of this, there is a custom that you should not kneel down on your knees at anytime. When you bend down to pick something up try not to kneel down, but rather sit down and pick up the object.

Case in Point

"Bill could you pick up my pen for me?"

"Why can't you pick up your own pen, Jack?!"

"I have a bruise on my knee, and anytime I kneel on it, it hurts."

"Yeah, but Jack, don't you know that you are not suppose to kneel down on your knee?"

"No. Why is that Bill?"

"Well kneeling is closely related to bowing down, and we have a custom not to bow down even if there are no idols present."

"Yeah but I'm not intending to bow down, only to pick up my fallen pen."

"Sorry Jack, it doesn't make a difference."

מצוה 29#

לא תעשה 17#

(שמות כ' ה') **וְלֹא תָעָבְדֵם**

This Pasuk instructs us not to serve any idol in any manner. Even if the way to serve this particular idol is not one of the four universal ways, it is none the less prohibited, if it is the way to serve that particular idol.

What does this mean to me?

Many times when you see something that is bad you might decide to make fun of it or degrade it. However, you should be careful because this could in reality be a form of a compliment to it. The fact that you took the time to comment about it, rather than just ignore it, gives the object credibility. Better that you should just ignore it than react to it.

Case in Point

"Leah I am so fed up. I keep listening to this talk show and hear them bad mouth Israel. I think I am going to call them up and tell them how wrong they are."

"Dovid, what do you think you are going to accomplish?"

"Like I said Leah, I'm going to yell at them and prove them wrong."

"Dovid it's not going to work. You won't be able to prove them wrong. They will cut you off and will make it sound like you are a fool."

"But Leah, I can't just let them keep talking and not do anything."

"Dovid, the radio station wants you to call in, it's how they get better ratings. Better not to call in and let them think that nobody takes seriously what they are saying. If you call in they realize that people care. Just ignore it."

מצוה #30

לא תעשה #18

(שמות כ' ז') **לֹא תִשָּׂא אֶת שֵׁם ד' אֱלֹקֶיךָ לַשָּׁוְא**

The four categories of a swearing in vain are:

1)____

2)____

3)____

4)____

This Pasuk tells us that a person is not allowed to swear using Hashem's name in vain. Some opinions include within this prohibition the mentioning of Hashem's name in vain, even if not used in an oath.

What does this mean to me?

Many times in the heat of an argument you say "I swear", even though there is no point to the swearing. You need to be careful not to be so quick to start swearing when you are not required to by law. Not doing so shows a lack of awe for Hashem's name and a lack of respect for the concept of making an oath.

Case in Point

"Rafi have you started your project yet?"

"Not yet Mrs. Erins."

"But Rafi it is due in four days! How do you expect to research, write a 35 page report, and make a 30 minute power point presentation in four days?!"

"Not a problem, I'll work on it when I get home from school."

"But Rafi, you don't get home from school until 6:15 every evening."

"It's okay Mrs. Erins, I will work on it all night long."

"But Rafi, when are you going to sleep?"

"I won't sleep"

"Rafi you need to sleep. You can't go four days without sleeping."

"No I don't Mrs. Erins. I swear I will not sleep for four days!"

מצוה 31#

עשה 13#

(שמות כ' ח') זָכוֹר אֶת יוֹם הַשַּׁבָּת לְקַדְּשׁוֹ

At what two points do we declare the sanctity of Shabbos? ______________________________

This Pasuk instructs us to honor and sanctify the Shabbos. This is done by wearing special clothing, having nicer foods and trying to keep oneself involved with spiritual issues rather than weekday topics during the Shabbos..

What does this mean to me?

You find yourself many times on Shabbos getting together with friends that you might not usually have time to get together with during the week. Especially during the summer time when Shabbos day is long and it is nice outside, you and your friends might decide to play basketball or catch. You must first think if such activities enhance the spirituality of Shabbos or if they take away from it. Your job is to honor the specialness of Shabbos and try to engage in activities that enhance the Shabbos.

Case in Point

"Hey Chaim do you want to go bike riding with me?"

"Shmuel I can't"

"Don't worry Chaim, we'll make sure to stay within the Eruv."

"That's not the reason Shmuel."

"Then why not? Come on Chaim it will be fun."

"Shmuel we can't go bike riding on Shabbos because bike riding is considered a weekday activity. Doing thing on Shabbos that we do during the week doesn't enhance the Shabbos, and therefore we shouldn't do them."

מצוה 32#

לא תעשה 19#

(שמות כ' י') **לא תַעֲשֶׂה כָל מְלָאכָה**

How many categories of מלאכה are there? ______________________________

This Pasuk instructs us that one is not allowed to perform any "work" on Shabbos. "Work" is not a literal understanding of מלאכה. מלאכה is defined by the 39 different categories of work that were performed when constructing the Mishkan. The 39 categories are: plowing, sowing, reaping, gathering, threshing, winnowing, sorting, sifting, grinding, kneading, baking, shearing, whitening, combing, dyeing, spinning, mounting the warp, making two heddles, weaving two threads, removing two threads, tying, untying, sewing, tearing, trapping, slaughtering, skinning, salting and tanning, marking out, scraping, cutting, writing, erasing, building, demolishing, kindling, extinguishing, the final hammer blow, transferring.

What does this mean to me?

You must be careful that on Shabbos not to perform any type of action that could fall into one of the category of מלאכה.

Case in Point

"Hey Yisroel, can you get me a bowl full of those mixed nuts?"

"Sure Baruch, but there are some raisins in the mixture too. Do you want the raisins?"

"No thanks Yisroel, just the nuts."

"Okay no problem Baruch. I am just going to remove the raisins since there are so few in here."

"No! Yisroel you can't do that on Shabbos. Taking the unwanted from the wanted is considered sorting and sorting is one of the 39 Melachos!"

מצוה #33

עשה #14

(שמות כ' י"ב) **כַּבֵּד אֶת אָבִיךָ וְאֶת אִמֶּךָ**

List some examples of how you can honor your parents:

1)____

2)____

3)____

This Pasuk tells us that a person is obligated to show honor to one's parents. The honor is done through obeying them, doing things as a sign of respect for them and assisting them. It is considered one of the hardest commandments to fulfill completely. There is almost no end to the extent a person must go to show proper honor to their parents.

What does this mean to me?

As a child growing up and even as an adult this is one of the hardest Mitzvos to fulfill, especially since you are challenged with it almost every day. You must show appreciation to your parents for all the time and energy they have put into taking care of you. You should be careful how you speak to your parents and try to put every effort into obeying their requests. You are never allowed to embarrass one of your parents no matter what they might have done.

Case in Point

"Dov why don't you sit down over there so when we are learning we will be sitting across from each other?"

"I can't Meir. That is my father's chair and I can't sit in it without his permission."

"Why not?"

"Well Meir, it is a sign of respect and fear not to sit in your parent's seat."

מצוה #34
לא תעשה #20

(שמות כ' י"ג) **לא תִרְצָח**

Besides physically killing someone how else could you transgress this prohibition? ___________

____

This Pasuk tells us that it is forbidden to murder anyone who has not been sentenced to death by the courts.

What does this mean to me?

Many times you see someone do something wrong and you decide to take "matters into your own hands". This is not what Hashem wants you to do. Hashem instructed us to set up a court system to take care of people when they do something wrong. Even if you believe that the court is making a mistake by declaring someone innocent, you must have faith in Hashem that He will take punish the person and make sure justice will prevail. You can not take the law into your own hands.

Case in Point

"Reuvain! Why did you take Daniel's book!?"

"Well Rebbi, Daniel stole Dovid's pen earlier today so I was just teaching Daniel a lesson."

"Reuvain, you can't take it upon yourself to punish Daniel. That is not your job. If Daniel did something wrong then let a teacher punish him."

"Yeah but Rebbi, the teacher is not going to punish him."

"Why do you say that Reuvain?"

"Because nobody else saw Daniel steal the pen."

"I'm sorry Reuvain, it still does not permit you to punish Daniel. It isn't your job."

מצוה #35
לא תעשה #21

(שמות כ' י"ג) **לא תִנְאָף**

This Pausk informs us that committing adultery is prohibited.

What does this mean to me?

The notion of showing loyalty to someone is a trait that is very important. Throughout your life you will be faced with decisions and many times one factor that will play a role is loyalty. It is important for you to show loyalty to your friends and people that have assisted you.

Case in Point

"Mr. Buckler why don't buy from my store? My store is a lot closer than the one you currently go to."

"You are certainly correct Mr. Jakoby that your store is a lot closer. However, years ago when I was much younger and didn't have a lot of money, Mr. Larkins, the owner of the other store, helped me out financially. Now that I am much more financially sound I shop at his store as a sign of loyalty to him for all of his help, even though it is a lot further away."

מצוה #36
לא תעשה #22

(שמות כ׳ י״ג) **לא תִגְנֹב**

Besides kidnapping what other prohibitions are included?

1)____

2)____

This Pasuk teaches us that we are not allowed to steal from one another. Included in this prohibition is stealing, kidnapping and deception. A person is not allowed to say or present something that would imply something false. However, if somebody else misinterprets what the other person has done then that does not fall under the category of deceit.

What does this mean to me?

It happens many times that you do something that is suppose to be misunderstood. You give the impression to someone that you are his friend, when you really do not like the person. You are playing a game and make a "treaty" with another player, when really your intention is only to make your player better. All of these ideas fall under the prohibition of stealing and you should not do them.

Case in Point

"Hey Leib, did you hear that Yitzchak just got the newest video game?"

"Yeah Yosef, but what difference does it make, nobody likes him?"

"I know that Leib, but I really want to play the video game. I was thinking we can pretend to really like him and then he would invite us over so we could play the game. Afterwards we will treat him like we usually do."

"Yosef, you can't do that. It is considered stealing."

"What are you talking about Leib?! I'm not taking anything from him?!"

"Yosef, you might not be taking anything physical from Yitzchak, but you are deceiving him. You are tricking him to make it seem that you really like him when in reality you don't."

מצוה #37
לא תעשה #23

(שמות כ' י"ג) **לֹא תַעֲנֶה בְרֵעֲךָ עֵד שָׁקֶר**

This Pasuk informs us that we can not say false testimony about somebody else. A person can not even give testimony if he heard all the details and facts from a very honest and G-d fearing person. A person can only give testimony if he, himself, saw what he is testifying about.

What does this mean to me?

Many times you tell over an event that you yourself never saw. However, when you are telling it over to your friends you make it sound as if you saw yourself. You must be careful that you do not say things that you do not know firsthand.

Case in Point

"Hey guys did you see what happened at recess?"

"No Ralph, what happened?"

"It was awesome! Billy went up to Chris and punched him."

"What?!"

"You heard me. Billy for no apparent reason just went up to Chris and punched him?"

"Wait a second Ralph. How could you know that? Weren't you in detention during recess?"

"I was, but I overheard some other guys talking about it. It has to be true if so many other people were saying it."

"But Ralph, you don't really know if it happened! Maybe it didn't happen and a few people just started a rumor and now because of people like you everybody is saying it?!"

מצוה #38

לא תעשה #24

(שמות כ' י"ד) לֹא תַחְמֹד בֵּית רֵעֶךָ

This Pasuk teaches us that you can not desire somebody's objects to the point where you start to think of ways that you can get them. Included in this prohibition, is forcing a person to sell you an object. Even though a person may pay the full price for the object, but since he forced the seller to sell the object, the buyer has transgressed this prohibition.

What does this mean to me?

Many times you see something that your friend has and think how it would be really nice if you had it too. Of course you wouldn't actually steal it, but perhaps you might take it without his permission for a little while, or even convince him to sell it to you. If you would do either one of these two actions you would be in violation of this prohibition.

Case in Point

"Hey Larry, I really like that pen of yours."

"Thanks Joe. I got it as a gift."

"Larry, I was curious for how much would you sell it for?"

"Sorry Joe, I'm not selling it."

"Oh come on Larry. How about $30?"

"No. Like I said Joe, I'm not interested in selling it."

"I realize that Larry, but how about for $50? I mean you could probably buy two pens for $50."

"Listen Joe, I am not selling the pen."

"Larry, I'll give you $100 for the pen. You would have to be the dumbest person not to sell the pen for $100."

"Guys, listen to this. I'm offering Larry $100 for his pen. Isn't he nuts if he doesn't except?!"

"Okay! Joe here I'll sell you the pen for $100, just stop bothering and embarrassing me about it!"

מצוה #39
לא תעשה #25

(שמות כ' כ') לא תַעֲשׂוּן אִתִּי

What kind of images of humans can't a person make? ______________________________

This Pasuk informs us that to make any three dimensional image of a human being is prohibited. However, a two dimensional image does not fall under this prohibition. It does not matter if the figure that is being made is only for decoration and not for idol worship.

What does this mean to me?

You are not allowed to make sculptures or dolls that resemble a human figure. You must be careful that when making models of a human that there is some feature that is inaccurate.

Case in Point

"Okay class please take out your clay. Today we are going to make a model of a human being."

"Dr. Zonks, I have a question."

"Yes Dan."

"Well Dr. Zonks, we are not allowed to make three dimensional images that accurately portray a human."

"Dan, does that mean you can't make pictures or sculptures of people?"

"No Dr. Zonks. We are allowed to draw two dimensional pictures of people and as long as we don't make an accurate model of a person it would be okay. For example if we didn't give the model a nose or a face then it wouldn't be a problem."

"Thank you Dan for explaining that to me. Okay class, please make a model of a person, just don't give the model a face."

מצוה 40#
לא תעשה 26#

(שמות כ' כ"ב) **לא תִבְנֶה אֶתְהֶן גָּזִית**

What type of tools can't be used when constructing the alter of stone? ____________________

This Pasuk teaches us that no metal instrument was allowed to be used when building the alter made out of stone. In addition the stones used for this alter had to be smooth and come from the depths of the earth or sea. No iron was permitted to touch these stones.

What does this mean to me?

There is a famous statement, "the end justifies the means". This mitzvah teaches you that this is not true. The alter was suppose to be used as a tool that would bring forgiveness for your sins and bring peace. Therefore, it would be inappropriate to use metal, which was generally used for weapons, when constructing the alter. You must be careful when trying to accomplish a goal, that not only is the goal a good goal, but the way you go about accomplishing it is good too. Otherwise, you will not get the results you are really looking for.

Case in Point

"Guys I have a great idea of how to create unity in our class! We can build a clubhouse that only our class can use."

"That is a great idea Yehuda. The only thing that allows you to enter is the fact that you are in our class. Therefore, everyone in our class will feel they belong to a special club."

"Your right Levi. This is a great way of making everyone in our class feel like a unit. It will bring a lot of friendship and peace in our class."

"Guys, where are we going to get the wood from to build this clubhouse?"

"Not problem Shmuel, we will just take it from Avi. Avi is always talking about how he collects different types of woods, so I know he has plenty."

"Okay, do you mind asking him for some, Rafi? I don't think he is going to let us use it. He is really proud of his collection."

"Don't worry Shmuel, I'll just go over to his house and take some. I know where he keeps it in his backyard."

"But Rafi, that's stealing if you don't ask him first!"

"It's okay Shmuel, it is for a good cause. We are going o build a clubhouse that will make everyone in our class friends."

"I'm sorry Rafi, but if you steal the wood, I don't think the clubhouse is going to create friends and unity, but instead it will create a lot of hatred."

מצוה 41#
לא תעשה 27#

(שמות כ' כ"ג) **וְלֹא תַעֲלֶה בְמַעֲלֹת עַל מִזְבְּחִי**

How was a person suppose to walk up the ramp to the alter? ________________________

This Pasuk instructs us to build a ramp and not steps leading up to the alter. The reason steps were not used was because there was a greater chance that part of the person's leg would be uncovered when walking up steps as opposed to a ramp. In addition to the ramp, a person was suppose to walk up the ramp using small strides as opposed to long ones out of a sign of humility.

What does this mean to me?

When doing something you have many options how you are going to do it. You must be careful that you act modestly and humbly. Rus, when collecting the fallen grains from the field of Boaz, did not lean over to pick up the grains, but rather knelt down, acting in a more modest manner. It was because of her acting modestly that Boaz took notice to her. If Rus would have acted like most of the people collecting grain, Boaz would not have noticed her and perhaps never have married her.

Case in Point

"Binyamin I want to complement you on your behavior."

"Thank you Principal Jones."

"Binyamin, when the teacher asked you to go to the office and get her some more chalk, I was so impressed that you didn't run through the halls. Instead you walked quickly and directly to the office and waited patiently until one of the secretaries was available to help you. You acted very mature and respectful when doing what your teacher asked you to do. Great job."

א') What did יִתְרוֹ hear that made him decide to come join the Jews? ____

___

___

א') What were the seven name of יִתְרוֹ? ____

___

___

א') Why does the פָּסוּק list מֹשֶׁה separately from the בְּנֵי יִשְׂרָאֵל? ____

___

א') What action of Hashem was considered the greatest? ____

___

ב') What was the conversation between מֹשֶׁה and אַהֲרֹן, when they met for the first time after מֹשֶׁה fled Egypt? ____

___

___

___

___

ג') What was the name of מֹשֶׁה's oldest son and why was he given that name? ______________________________

____

____

ד') What was then name of מֹשֶׁה's second son and why was he given that name? ______________________________

____

ד') When was מֹשֶׁה saved from the sword of פַּרְעֹה? ______________

____

____

ה') Why does the פָּסוּק stress that the Jews were in the desert? __________

____

____

ו') Who is speaking in this פָּסוּק? ______________________________

ז') Why did so many people go out to greet יִתְרוֹ? ____________________

____

____

ט') What are two understandings of the words "וַיִּחַדְּ יִתְרוֹ"? ____________

____

____

____

י') What kind of nation was Egypt? ______________________________

י') What kind of king was פַּרְעֹה? ________________________________

י״א) What does יִתְרוֹ mean when he says "עַתָּה יָדַעְתִּי"? ______________

____

____

י״ב) Where was מֹשֶׁה during the meal with יִתְרוֹ? ______________________

____

י״ב) What does the פָּסוּק mean when it writes "לִפְנֵי הָאֱלֹקִים"? ____________

____

____

י״ג) What day did the incident of יִתְרוֹ seeing מֹשֶׁה judging the people take place on and how does רש״י know this? ____________

____

____

____

____

י״ג) What was the issue יִתְרוֹ had with what he saw מֹשֶׁה doing with regard to the Jews? ____________

____

ט״ו) Why did the Jews wait all day to speak with מֹשֶׁה? ____________

____

י״ח) What was יִתְרו afraid would happen if מֹשֶׁה continued doing things the way he was doing them currently? ______________________________

____

____

כ״א) How was מֹשֶׁה supposed to see who was fit to be a judge? ________

____

כ״א) What are ״אַנְשֵׁי חַיִל״? ______________________________

____

כ״א) What are ״אַנְשֵׁי אֱמֶת״? ______________________________

____

כ״א) Describe the court system proposed by יִתְרו? ________________

____

____

____

____

כ״ב) Which issues would come before מֹשֶׁה? ____________________

____

כ״ה) Which of the qualities that יִתְרוֹ mentioned does this פָּסוּק list? ______

____

כ״ז) Why did יִתְרוֹ leave the Jew's camp? ____________________

____

א')Which month is considered the third month? ____________________

א') How did רש״י know that it was רֹאשׁ חֹדֶשׁ? ____________________

____

ב') Why does the פָּסוּק write the word "וַיִּחַן" in the singular form and not the plural? ____________________

____

ג') What was the date of the first time מֹשֶׁה ascended the mountain? _____

____

ג') What time of day did מֹשֶׁה go up? ____________________

ד') What metaphor does Hashem use when describing how He carried the Jews out of Egypt? ____________________

____

ה') What "בְּרִית" is Hashem referring to? ____________________

____

____

ה׳) What is a "סְגֻלָּה"? ______________________________

____

ו׳) What do the words "אֵלֶּה הַדְּבָרִים" teach us? ____________________

____

____

ח׳) Why did מֹשֶׁה tell Hashem what the Jews responded? Didn't Hashem know already? ______________________________

____

____

ט׳) What day is it in this פָּסוּק? ______________________________

ט׳) Why did the Jews want to hear the תּוֹרָה being given directly from Hashem? ______________________________

____

____

י״א) Were there any blind people at הַר סִינַי? ____________________

י"ג) What does the word יוֹבֵל mean in this פָּסוּק? ______________________

____

ט"ו) What are the two opinions as to when the עֲשֶׂרֶת הַדִּבְּרוֹת were given, and how do they understand the three day period mentioned in this פָּסוּק?

____

____

____

____

____

____

י"ז) What are the two meanings for "בְּתַחְתִּית הָהָר"? ______________________

____

____

____

י"ט) How did the שׁוֹפָר blast at הַר סִינַי differ from other שׁוֹפָר blasts? ____

____

____

י״ט) How was everyone able to hear מֹשֶׁה speak? ______________________

____

____

כ״ד) Who was allowed on the mountain? ______________________________

____

כ״ה) What did מֹשֶׁה tell the Jews? ___________________________________

____

ב׳) What is the first דִּבּוּר? ______________________________

____

ג׳) What does Hashem mean by "אֱלֹהִים אֲחֵרִים"? ____________________

____

____

ג׳) What is the second דִּבּוּר? ____________________________

____

ה׳) For how many generations does Hashem punish the children for their parent's sins? ______________________________

ו׳) For how many generations does Hashem reward the children for their parent's מִצְווֹת? ______________________________

ו׳) What can be learnt from the way Hashem gives reward versus punishments? ______________________________

____

ז׳) What is the third דִּבּוּר? ______________________

____

ח׳) How were the words זָכוֹר and שָׁמוֹר said at הַר סִינַי? ______________________

____

ח׳) What is the fourth דִּבּוּר? ______________________

____

ט׳) What do we learn from the words "וְעָשִׂיתָ כָּל מְלַאכְתֶּךָ"? ______________________

____

____

י״ב) What is the fifth דִּבּוּר? ______________________

____

י״ג) What is the sixth דִּבּוּר? ______________________

____

י״ג) What is the seventh דִּבּוּר? ______________________

____

י״ג) What is the eight דִּבּוּר? ______________________________

____

י״ג) What is the ninth דִּבּוּר? ______________________________

____

י״ד) What is the tenth דִּבּוּר? ______________________________

____

ט״ו) Was there anyone at הַר סִינַי that was blind, mute or deaf? __________

____

י״ז) What was the reason that Hashem wanted the Jews to hear the commandments directly from Him? ______________________

____

____

כ״ב) What were two goals of the מִזְבֵּחַ and why therefore could metal not be used? ____

____

____

____

____

כ״ג) Why were steps not allowed to be used for going up to the מִזְבֵּחַ? ___

____

____

____

NOTES